ये अश्क़ होते मोती

(ग़ज़ल संग्रह)

डॉ अर्चना गुप्ता

साहित्यपीडिया पब्लिशिंग

Published by-

Sahityapedia Publishing

Email- publish@sahityapedia.com

To know more, log on to www.sahityapedia.com

First Printing, 2017

ISBN 978-81-933570-0-2

Available at major e-stores all over the world.

पूज्य पापा (डॉ राजकुमार अग्रवाल)

एवं

माँ (निर्मला अग्रवाल)

को सादर समर्पित

******

मात पिता का प्यार ही, जीवन का आधार

सर्वप्रथम मेरा नमन, इनको बारम्बार

******

दिल की बात

ये ज़िन्दगी अनवरत चलती रहती है, अलग अलग राहें अलग अलग मोड़ आते रहते हैं, और हम चलते रहते हैं। ऐसा ही मेरी ज़िंदगी मे भी हुआ। राहों पर चलते चलते, मोड़ों पर मुड़ते मुड़ते, मंज़िलों को पाते खोते अचानक ही एक नया मोड़ नज़र आया। थोड़ी झिझक के साथ उस पर हौले से कदम बढ़ाया। दिल को सुकून मिला तो कदम खुद बखुद आगे बढ़ते चले गए। और इस मोड़ से परिचय कराया मेरी प्यारी बेटी अनुभूति मित्तल ने। यानि इंटरनेट की दुनिया से मुझे मिलवाया, फेसबुक से परिचित कराया। पहले मुक्त काव्य लिखती थी, अपने जीवन के अनुभवों को कविता के रूप में सबको बांटना शुरु किया। काफी लोगों ने पसंद किया तो प्रोत्साहित हुई।

एक दिन फेस बुक के 'कवितालोक' नाम के ग्रुप में, जिसके एडमिन आदरणीय ओम नीरव जी हैं, सम्मिलित हुई। वहां से चतुष्पदी लिखना शुरु किया। 'मुक्तक मंच', जिसके एडमिन आदरणीय लव कुमार प्रणय जी हैं, उसमें भी सम्मिलित हो गई। वहां सर्वप्रथम लव कुमार प्रणय जी ने मेरे अंदर एक कवियित्रि को देखते हुए मेरा मार्गदर्शन करके मुझे प्रोत्साहित किया। समय-समय पर टिप्स दिए जिससे में आगे बढ़ सकी। इस क्षेत्र में मेरे प्रथम गुरु वही हैं। मै उन्हें सादर नमन करती हूं।

इसके बाद फिर मैंने मुड़ कर नहीं देखा। विभिन्न ग्रुप्स में लिखने लगी। एक तरह से डूब सी गई लेखन में। अलग-अलग विधाओं का अध्ययन किया। दिन में 18 घण्टे यही काम करती थी। अपने जीवन साथी श्री अतुल गुप्ता जी के सहयोग के बिना ये संभव ही नहीं था। मेरे प्रिय बेटे अभिनीत मित्तल ने जब मेरा लेखन देखा तो मेरा ब्लॉग *www.itsarchana.com* बना दिया। मैं उस पर लिखने लगी। उसका

सहयोग और प्रोत्साहन नहीं होता तो मैं इतना आगे नहीं बढ़ पाती। विज्ञान से साहित्य की ओर चलता हुआ ये सफर बहुत ही खूबसूरत रहा। कभी सोचा ही नहीं था कि भौतिक विज्ञान से हिंदी साहित्य की तरफ चली जाऊंगी। प्रिय इला मित्तल का भी प्यार अब मेरे साथ है।

मेरी दिन रात की मेहनत का नतीजा है 'ये अश्क होते मोती' ग़ज़ल संग्रह। मैं डॉ कृष्ण कुमार नाज़ जी की दिल से आभारी हूँ कि उन्होंने अपना बेशकीमती वक़्त इस संग्रह को दिया और मेरा मार्गदर्शन किया। आदरणीय दादा माहेश्वर तिवारी जी का आशीर्वाद मुझे हमेशा ही मिलता रहा है, उन्हें मेरा सादर प्रणाम। डॉ पंकज दर्पण अग्रवाल जी के सहयोग और उत्साहवर्धन के लिए उनका आभार प्रकट करती हूँ। साथ ही अपने उन सभी मित्रों की भी दिल से आभारी हूँ जो मेरा बराबर उत्साहवर्धन करते रहे हैं।

ईश्वर की असीम अनुकंपा से आज ये ग़ज़ल संग्रह आपके हाथों में हैं। आशा करती हूं कि पूर्व की भांति इस संकलन को आप सभी का भरपूर प्यार और आशीर्वाद मिलेगा।

-डॉ अर्चना गुप्ता

'ये अश्क होते मोती'
पीड़ा की शानदार अभिव्यक्ति
- डा. कृष्णकुमार 'नाज़'

दिल सबके पास है और दर्द भी, लेकिन फ़र्क़ सिर्फ़ इतना है कि कवि अपने दर्द को कविता के माध्यम से सबके सामने परोस देता है, जबकि आम आदमी उस दर्द को आँसुओं के जरिये बहा देता है। बात है दर्द का सदुपयोग करने की, तो यह कला कवि अच्छी तरह जानता है। और, वह अपना दर्द इस सुंदरता के साथ प्रस्तुत करता है कि वो ज़माने का दर्द महसूस हो। यही कारण है कि कवि-सम्मेलन अथवा मुशायरे में आम लोगों की 'वाह-वाह' कवि को सर आँखों पर बिठा लेती है।

बाँसुरी सिर्फ़ बाँस की पोंगरी नहीं है। उसके सीने में छेद हैं, इसीलिए वह अपने कंठ से मधुर-मोहक स्वर निकालती है, जो लोगों के मन को भाते है और इसीलिए लोग बाँसुरी को पसंद करते हैं। कवि भी बाँसुरी की ही तरह है। उसकी भी यही स्थिति है। अगर उसके सीने में दर्द न होता, तो वह भी आम-जन की तरह ख़ामोश रह जाता, लेकिन यहाँ स्थिति बिल्कुल अलग है। कवि भीड़ के बीच अपना दर्द गाता है और लोग वाह-वाह करते हैं। ऐसा सिर्फ़ इसलिए होता है कि वे लोग भी उन्हीं स्थितियों-परिस्थितियों से कहीं न कहीं दो-चार हुए हैं। कई लोग कह देते हैं कि कविता लिखना आसान है, लेकिन शायद वे यह नहीं जानते कि कविता दर्द की नदी में डूबने-उतराने की कला का नाम है।

'ये अश्क होते मोती' डा. अर्चना गुप्ता जी का प्रथम ग़ज़ल-संग्रह है। अर्चना जी बड़ी लगन, मेहनत और संजीदगी के साथ शेर कहती हैं। हो सकता है भाषा विज्ञानियों को सूक्ष्मयंत्र से देखने पर कहीं-कहीं उनका भाषागत प्रवाह अटपटा लगे, लेकिन इससे मायूस होने की कोई ज़रूरत

नहीं है, क्योंकि भाषा समय और अनुभव के साथ-साथ स्वयं निखरती है। मैं अपना ही एक शेर प्रस्तुत करते हुए कहना चाहूँगा-

हो ललक जिनमें ज़रा-सी भी गगन छूने की
हौसला ऐसे परिंदों का बढ़ाते रहिए

कमोवेश यही स्थिति सभी रचनाकारों के साथ होती है। किसी शायर ने कहा भी है-

नये दीवाने को देखें तो ख़ुशी होती है
हम भी ऐसे ही थे जब आए थे वीराने में

मैंने बड़े-बड़े और प्रसिद्ध रचनाकारों की प्रारंभिक रचनाएँ पढ़ी हैं। आपने भी पढ़ी होंगी। अगर आप त्रुटियाँ निकालने के लिए बैठ जाएँ तो बड़ी आसानी से उनकी साहित्यिक समझ के ग्राफ़ को देख और समझ सकते हैं। लेकिन, ख़ुशी की बात यह है कि अर्चना जी फ़ारसी लिपि से अपरिचित होने के बावजूद अरबी-फारसी शब्दों का सुंदर इस्तेमाल करती हैं।

प्रियतम की बाँहों में झूल जाना किसे अच्छा नहीं लगता। अर्चना जी ने भी प्रिय की निकटता का एहसास करते हुए यह शेर कहा है-

साथ रहकर तुम्हारे सजन आज तो
फूस के घर भी हमको महल हो गए

जहाँ निकटता है, वहाँ दूरी भी है। अगर दूरी न हो तो निकटता का क्या मज़ा आए। लेकिन, इतना तो है कि प्रिय से दूरियाँ आँखों को आँसुओं की सौग़ात दे जाती हैं। अर्चना जी ने भी यही बात कही है अपने इस शेर में-

अश्क आँखों से टपकने के लिए
बैठे रहते हैं सदा तैयार से

मुहब्बत की अतिशयता आँखों पर पर्दा डाल देती है। सोच की सीमाओं का विस्तार रोक देती है। अँधेरे और उजाले का अंतर समाप्त कर देती है। आँखें दिन को रात और रात को दिन महसूस करने लगती हैं। सब कुछ उल्टा-पुल्टा होने के बावजूद सही दिखाई देता है-

नज़र सीधा नहीं आता है अब कुछ भी मोहब्बत में
अँधेरे दिन उगाते हैं, उजाले रात करती हैं

एक और शेर-

कभी अँधेरे, कभी उजाले, सबसे ख़ूब निभा लेती हूँ
दोनों जीवन के पहलू हैं, मन को यह समझा लेती हूँ

भाषा हमारे भाव दूसरों तक पहुँचाने वाली कला का नाम है। व्यक्ति अपने स्तर से चुनिंदा शब्दों के साथ दूसरों तक अपनी बात पहुँचाता है। कई बार यह भी देखने में आया है कि व्यक्ति अपनी अंतरात्मा की आवाज़ को छिपाकर दूसरों तक संयमित और संश्लिष्ट शब्दों में अपनी बात पहुँचाना चाहता है चेहरे पर मुखौटा पहनकर। इस संबंध में अर्चना जी ने बड़ा प्यारा शेर कहा है। आप भी सुनिए-

शब्द आयात-निर्यात करते रहे
यूँ बयाँ अपने जज़्बात करते रहे

आयु के साथ-साथ शरीर भी अपना पैरहन बदलता रहता है। अपनी ही पुरानी तस्वीर इंसान को अजनबी लगने लगती है। चेहरा बदल जाता है। बालों का रंग बदल जाता है। त्वचा का ढंग बदल जाता है। लगता

है ज़िंदगी किशोरावस्था यानी प्रातःकाल से चलकर प्रौढ़ावस्था अर्थात् सांध्य बेला पर आकर ठहर-सी गई है। वाह-वाह अर्चना जी बहुत सुंदर शेर कहा है आपने-

सांध्य बेला ज़िंदगी को जब मिली
तब लगा असली ठिकाना आ गया

और फिर-

ज़िंदगी से अब हमें अपने लिए
वक़्त थोड़ा-सा चुराना आ गया

कवि भी चूँकि सामाजिक प्राणी है और उसके लेखन उपकरण भी इसी समाज की ही देन हैं, इसलिए वह चाहकर भी समाज से विमुख नहीं हो सकता। वह अपने चारों ओर वातावरण में जो कुछ देखता है, उसी को कविता के माध्यम से समाज के सम्मुख प्रस्तुत कर देता है। आज हमारे समाज में अनाचार, भ्रष्टाचार, दुराचार इतना बढ़ गया है कि हम आज फिर उन्ही महापुरुषों का आह्वान करते हैं, जिन्होंने कभी द्रौपदी की लाज बचाई, तो कभी दुष्टों का संहार करके देश को गर्त में जाने से बचाया। अर्चना जी भी उन्हीं चक्र-सुदर्शनधारी भगवान श्रीकृष्ण का आह्वान करती हैं-

सुदर्शन-चक्र से धरती पे दुष्टों को मिटाना है
तुम्हें अवतार लेकर फिर यहाँ अब कृष्ण आना है

समाज बदल रहा है। कभी संयुक्त परिवार थे, जब आदमी निश्चिंत होता था, लेकिन आज एकल परिवारों ने भारत की सामाजिक और सांस्कृतिक विरासत को बिखरा दिया है। कवयित्री ने इस बात को बड़ी सूक्ष्मता के साथ देखा है-

कहानी है न नानी की, नसीहत भी न दादी की
हुए हैं आजकल एकल यहाँ परिवार जाने क्यों

पैसा कमाने की दौड़ में इंसान आज अच्छा-बुरा, रिश्ते-नाते, सब कुछ भूल गया है। आज वह इतना लालची हो गया है कि उसने सबसे महँगी भावना 'मानवता' को भी बेच दिया है। अर्चना जी ने क्या प्यारा शेर कहा है-

मानवता का महंगा ज़ेवर बेच दिया
हमने सब लालच में आकर बेच दिया

कवि स्वयं, कभी परिवार, कभी समाज, कभी देश, इन सबके बीच तारतम्य बिठाते हुए अर्चना जी ने बहुत सुंदर शेर कहे हैं। 'ये अश्क होते मोती' ग़ज़ल-संग्रह इस बात का साक्षी है कि रचनाकार इस समाज और इस राष्ट्र का महत्वपूर्ण अंग है, जो सिर्फ़ अपने लिए नहीं, बल्कि सबके बारे में सोचता है। अर्चना जी ने यही किया है। इस पुस्तक के प्रकाशन के अवसर पर अर्चना जी को हार्दिक बधाइयाँ। माँ सरस्वती से प्रार्थना है कि वह इस पुस्तक को अर्चना जी के यश का माध्यम बनाएँ। मेरी अनेकानेक शुभकामनाएं।

- सी-130, हिमगिरि कालोनी,
काँठ रोड, मुरादाबाद 244001 (उ.प्र.)
मोबाइल : 99273-76870, 98083-15744

अनुक्रम

ये अश्क़ होते मोती

1) मूढ़ता का तम मिटा माँ शारदे

मूढ़ता का तम मिटा माँ शारदे
चेतना तन में जगा माँ शारदे

क्लेश ही मिट जायेंगे मन के सभी
तू मधुर वीणा बजा माँ शारदे

जिस पे चल कर मोक्ष पा जायें सभी
राह वह सच्ची दिखा माँ शारदे

चाहें हमको गलतियों पे दे सजा
पर गले अपने लगा माँ शारदे

वस्त्र पहने श्वेत वीणा हाथ में
रूप अपना अब दिखा माँ शारदे

काम जीवन में किसी के आ सकें
दे सदा ये भावना माँ शारदे

हम भटकते फिर रहे कब से यहाँ
चाहिए अब आसरा माँ शारदे

माँगती बस 'अर्चना' तेरी कृपा
पूरी करना कामना माँ शारदे

2) ये अश्क़ होते मोती

ये अश्क़ होते मोती
यदि आँख तेरी रोती

लेती पिरो मैं आँसू
जो प्रीत डोर होती

तू बांसुरी सा बजता
मैं होश अपने खोती

दिल हार के तू हँसता
मैं जीत कर भी रोती

तू नींद मेरी बनता
मैं ख़्वाब बस संजोती

तू चांदनी ले आता
बन रातरानी सोती

3) तुम्हें ही ढूंढ़ती रहती तुम्हारी लाडली पापा

तुम्हें ही ढूंढ़ती रहती तुम्हारी लाडली पापा
तुम्हारे बिन हुई सुनी बहुत ये ज़िन्दगी पापा

अँधेरी रात हो कितनी उजाले भर दिए तुमने
बिछाकर नेह की अपनी सदा ही चाँदनी पापा

सिखाया था जहाँ चलना पकड़कर उँगलियाँ मेरी
गुज़रती हूँ वहाँ से जब रुलाती वो गली पापा

मिले चाहें यहाँ कितने मुझे अनमोल से रिश्ते
मिला लेकिन ज़माने में नहीं तुम सा कोई पापा

ख़ुशी चाहें मिले मुझको कि गम की बात हो कोई
मुझे महसूस होती है तुम्हारी ही कमी पापा

मनाना 'अर्चना' उनका बहुत अब याद आता है
लड़ाते लाड़ थे कहकर कहाँ मेरी परी पापा

4) दर्द से रिश्ता निभाना है

दर्द से रिश्ता निभाना है
आँख से आँसू चुराना है

पीर इस दिल की दिखाने को
नैन का रस्ता पुराना है

देख मत हँसता हुआ मुखड़ा
इस हँसी में ग़म छुपाना है

कोई आकर देख ले मुझ को
फिर सताता ये जमाना है

मोम सा दिल 'अर्चना' का अब
द्वेष की लौ से बचाना है

5) प्यार जबसे मिला खिल कमल हो गए

प्यार जबसे मिला खिल कमल हो गए
नैन तुमसे मिले फिर सज़ल हो गए

चुप रहे हम कहा कुछ नहीं था कभी
पर अधर बावरे ये विकल हो गए

प्यास कैसे बुझेगी बताओ हमें
स्त्रोत जल के सभी जब गरल हो गए

तुमको पाकर हमें आज ऐसा लगा
कर्म जैसे हमारे सफल हो गए

साथ रहकर तुम्हारे सजन आज तो
फूस के घर भी हमको महल हो गए

थे अधूरे तुम्हारे बिना 'अर्चना'
तुम मिले जब हमें, हम ग़ज़ल हो गए

6) आप के आते ही दिल क्या कर गुज़रता है

आप के आते ही दिल क्या कर गुज़रता है
लाज का घूँघट बिना बातों सरकता है

क्या बताएं हाल दिल का अब प्रिये तुम को
प्यार में देखो बड़ा ये दिल धड़कता है

रात हो चाहे अमावस की, हमारा दिल
चाँद बन हर पल गगन में ही चमकता है

पूछता दर्पण हमीं से देख कर मितवा
रूप इतना क्यों तुम्हारा अब निखरता है

अब समा पाती नहीं दिल में ख़ुशी देखो
आंसुओं का नैन से दरिया निकलता है

मिल गया जब से तुम्हारा साथ जीवन में
मोंगरे सा 'अर्चना' का दिल महकता है

7) राज़ कुछ तुमने दबाया आज लगता है

राज़ कुछ तुमने दबाया आज लगता है
याद में ख़ुद को रुलाया आज लगता है

तुम बताते हो ख़ुशी के हैं मेरे आँसू
पर हँसी में ग़म छुपाया आज लगता है

रात भर सोये नहीं आँखें बताती हैं
नींद ने तुम को सताया आज लगता है

रात की ख़ामोशियाँ सुन लग रहा ऐसा
दर्द तुमने गुनगुनाया आज लगता है

रूठ कर यूँ खिलखिला कर हँस पड़े हो तुम
मीत ने शायद मनाया आज लगता है

चाहतों ने फिर सजाई प्यार की दुनिया
'अर्चना' ने ग़म भुलाया आज लगता है

8) धड़कनों पर हो गई उनकी हुकूमत क्या करूँ

धड़कनों पर हो गई उनकी हुकूमत क्या करूँ
अब दिले नादान पर आई कयामत क्या करूँ

जब अचानक मेरी नज़रों से मिली उनकी नज़र
हो गयी तबसे मुझे उनसे मुहब्बत क्या करूँ

चाह कर भी ज़िंदगी का दर्द छिप पाया नहीं
आँसुओं ने आज कर दी है बग़ावत क्या करूँ

रूठ कर बे बात वो हर पल सताते हैं बहुत
रोज़ करते हैं नयी मुझ से शरारत क्या करूँ

मानता कब दिल बिचारा रोज़ मिलना चाहता
पर नहीं हालात क़िस्मत से शिकायत क्या करूँ

जब पिघलते ही नहीं सुनकर कभी मेरी सदा
पत्थरों के देवता की फिर इबादत क्या करूँ

'अर्चना' को अब लगे इलज़ाम सब मंजूर हैं
जब वही मुंसिफ़, उन्हीं की है अदालत क्या करूँ

9) नहीं शिकवा शिकायत अब हमें ज़ालिम ज़माने से

नहीं शिकवा शिकायत अब हमें ज़ालिम ज़माने से
लगा है चैन फिर मिलने ग़मों को गुनगुनाने से

बड़ा ग़मगीन मौसम था उदासी देख कर उनकी
बहारें खिल उठीं उनके ज़रा से मुस्कुराने से

नज़र से छुप नहीं सकते कभी भी दूर होकर वो
छिपा कर हम उन्हें दिल में हुए हैं ख़ुद दिवाने से

लिखी हैं आज भी बातें हमारे मन पे बचपन की
नहीं क्यों लौट कर आते वो प्यारे दिन सुहाने से

सताकर रूठना उनकी बड़ी प्यारी अदाएं हैं
हमें मिलती ख़ुशी हर बार उनको फिर मनाने से

न रोको 'अर्चना' के स्वप्न सत रंगी हुए हैं अब
खुले आकाश में मन की पतंगों को उड़ाने से

10) ग़मों से सीख ली हमने अदाएं सब ज़माने की

ग़मों से सीख ली हमने अदाएं सब ज़माने की
नयन में अश्क़ लेकर भी लबों से मुस्कराने की

ये दुनिया सुन तो लेती है उड़ाती फिर हँसी लेकिन
तभी होती नहीं हर बात सबको ही बताने की

मज़ा आता बहुत है रुठ जाने फिर मनाने में
करें वो बात संजीदा हमें आदत उड़ाने की

खिली है धूप खुशियों की छँटे सब ग़म भरे बादल
बड़े दिन बाद आई है सुनो रुत खिलखिलाने की

क़सम खा ली है जब हमने रहेंगे हमसफ़र बन कर
क़दम ख़ुद ही चलेंगे सँग ज़रुरत क्या सिखाने की

कभी दो पल को भी अपने यहाँ जो हो नहीं पाये
उन्हें किसने इजाज़त दी हमारा दिल दुखाने की

मिले हैं 'अर्चना' हमको बड़े अनमोल कुछ रिश्ते
हमारी कोशिशें हैं अब इन्हें दिल से निभाने की

11) प्यार में जबसे मिलीं रुस्वाइयाँ

प्यार में जबसे मिलीं रुस्वाइयाँ
सूख सी दिल की गयी हैं क्यारियाँ

बादलों की आँख से आँसू झरे
जब दिखी उनको तड़पती बिजलियाँ

प्यार जब करते बहुत हैं वो हमें
तो समझते क्यों नहीं मजबूरियाँ

वो बसे हर साँस में कुछ इस तरह
दूर होकर भी न लगतीं दूरियाँ

जब हवायें रुख बदलने लग गईं
ख़ुद सुलग बैठीं कई चिंगारियाँ

फुसफुसाती रोज़ आकर कान में
आज भी उनकी लटकती बालियाँ

जो हों बच्चों की हिफ़ाज़त के लिए
'अर्चना' होती न वो पाबंदियाँ

12) ज़ख्म दिल के हरे हो गये

ज़ख्म दिल के हरे हो गये
अश्क़ के सिलसिले हो गये

सामने सच खड़ा था मगर
झूठ के फैसले हो गये

प्यार की है ये कारीगरी
दर्द तेरे मेरे हो गये

आंख में अक्स अब भी वही
साल कितने मिले हो गये

जो तपे दर्द की आग में
पल वही स्वर्ण से हो गये

मुस्कुरा भी लिए हम ज़रा
बस वही क़हक़हे हो गये

जब दिखाया उन्हें आइना
रंग उनके उड़े हो गये

'अर्चना' हम हुए जो सफल
प्रश्न कितने खड़े हो गये

13) प्यार का जब आसरा हो जाएगा

प्यार का जब आसरा हो जाएगा
दर्द सारा खुद हवा हो जाएगा

क्या करेंगे तब वफ़ाओं का यहाँ
वक़्त ही जब बेवफ़ा हो जाएगा

आँख में ही रुक गए आँसू अगर
बोझ दिल का दस गुना हो जाएगा

जो कहो कहना सदा ही सामने
पीठ पीछे ये दग़ा हो जाएगा

देखना नफ़रत जहाँ है कल वहीं
प्यार का भी सिलसिला हो जाएगा

याद में जब याद जुड़ती जाएगी
'अर्चना' का क़द बड़ा हो जाएगा

14) लगे बेटी हमें जैसे परी है

लगे बेटी हमें जैसे परी है
बहुत मासूम नाज़ुक सी कली है

कदम जबसे पड़े बेटी के घर में
मिटा तम और फैली रोशनी है

विदाई सोच बेटी की अभी से
हमारी आँख में आती नमी है

निभाती प्यार माँ से खूब बेटी
कभी माँ तो कभी लगती सखी है

समझ माँ बाप के ग़म आप जाती
हृदय की डोर तन मन से जुड़ी है

अगर बेटा है सोना 'अर्चना' तो
सुनो बेटी भी हीरे की कनी है

15) मद बुरी आदत, नहीं इसमें उतरकर देखना

मद बुरी आदत, नहीं इसमें उतरकर देखना
ख़ुद को बरतर, दूसरों को तुम न कमतर देखना

लग रहा जो दर्द चाहत में मिला है आपकी
ये बना देगा हमें मशहूर शायर देखना

देखना चाहो अगर छूकर कभी भी ये गगन
पाँव अपने तुम धरा पर ही जमाकर देखना

चार दिन की चाँदनी है तन की सुंदरता यहाँ
दिल यहाँ जीतेंगे जो हैं मन से सुन्दर देखना

हर चमक फ़ीकी लगेगी कीमती सामान की
घर कभी रिश्तों से तुम अपना सजाकर देखना

'अर्चना' बहते नहीं अब दर्द आँखों से कभी
इसलिए ही लोग देंगे नाम पत्थर देखना

16) कभी दर्पण जो देखोगे हमारा अक्स पाओगे

कभी दर्पण जो देखोगे हमारा अक्स पाओगे
बताओ तो ज़रा इतना हमें कैसे भुलाओगे

मिटा सकते नही हो तुम लिखा जब नाम कागज़ पर
बताओ किस तरह दिल पे लिखी यादें मिटाओगे

हमें पाओगे तुम अपना सदा हमदर्द ही सच्चा
कभी भी दर्द जब अपने हमें आकर सुनाओगे

कभी अशआर बनकर तो कभी किरदार में ढलकर
हमारी हर कहानी या ग़ज़ल में तुम समाओगे

तभी अपने पराये का समझ में फ़र्क़ आएगा
कभी जब धूल आँखों पर जमी मद की हटाओगे

हमें है 'अर्चना' अपनी मुहब्बत पे यकीं इतना
अगर तुम आज़माओगे तो खुद ही हार जाओगे

17) जब से जवां हुई है मुहब्बत नयी नयी

जब से जवां हुई है मुहब्बत नयी नयी
लिख दी है हमने दिल की वसीयत नयी नयी

यूँ लड़खड़ाते देख के उनको, मुझे लगा
शायद मिली है उनको ये शोहरत नयी नयी

करते जिरह भी ठीक से अपनी अभी नहीं
सीखी जो है उन्होंने वकालत नयी नयी

पड़ते नहीं हैं पाँव हमारे ज़मीन पर
पाई है जबसे प्यार की दौलत नयी नयी

भाने लगी है चाँद सितारों की बात अब
हमको हुई है 'अर्चना' उल्फत नयी नयी

18) ये तुमने जाल बातों का बहुत दिलकश बिछाया है

ये तुमने जाल बातों का बहुत दिलकश बिछाया है
शिकारी हो बड़े अच्छे तभी हमको फँसाया है

तुम्हारे नाम के चर्चे सुनायें क्या तुम्हें मितवा
इसे सुन शोर धड़कन ने बहुत दिल में मचाया है

नयी खुशबू हवाओं में अजब मस्ती घटाओं में
हमारे दिल पे मिल सबने कहर भी खूब ढ़ाया है

मुहब्बत की हसीं दुनिया हुई आबाद फिर देखो
उन्होंने लाज का घूँघट जरा सा क्या उठाया है

चले आना हृदय में तुम, तुम्हारे ही लिए हमने
यहाँ इक गॉव सपनों का बहुत सुन्दर बसाया है

क़लम को भी हुआ है कुछ ग़ज़ल का ही नशा ऐसा
इसे अब 'अर्चना' जग में न कोई और भाया है

19) काम क्या हमको किसी हथियार से

काम क्या हमको किसी हथियार से
वार हम करते कलम की धार से

अश्क़ आँखों से टपकने के लिए
बैठे रहते हैं सदा तैयार से

जबसे देखा ये बढ़ाती प्यार है
प्यार हमको हो गया तकरार से

तुम समझते हो अगर अपना हमें
बात क्यों कहते नहीं अधिकार से

देश, भाषा, धर्म से मतलब नहीं
'अर्चना' जुड़ते ये दिल बस प्यार से

20) देखकर इक झलक ही नशा हो गया

देखकर इक झलक ही नशा हो गया
बेक़रारी का फिर सिलसिला हो गया

उनकी कसमें निभाना हमारे लिए
दर्द को आँख में थामना हो गया

दिख रहा खुद में उनका ही चेहरा हमें
आज दर्पण को जाने ये क्या हो गया

पहली पहली घिरी जब घटा सावनी
देख कर दिल मेरा बावरा हो गया

वो जो पहलू में थे कल तलक उनसे अब
उम्र भर के लिए फ़ासला हो गया

बंदिशों में छिपा हित है औलाद का
आज जाना वो जब खुद पिता हो गया

'अर्चना' दर्द इतना सहा है यहाँ
क़र्ज़ जितना लिया सब अदा हो गया

21) मानवता का महँगा जेवर बेच दिया

मानवता का महँगा जेवर बेच दिया
हमने सब लालच में आकर बेच दिया

जंगल काट काट निज सुख को मानव ने
धरती का हरियाला बिस्तर बेच दिया

देख न पाये सुंदरता तुम अंदर की
हीरा तभी, समझ कर पत्थर बेच दिया

लोगों ने क्यों अपना नाम कमाने को
खुद्दारी के जैसा तेवर बेच दिया

आज छुपाने को हमने आँखों का ग़म
आँसू से ही भरा समंदर बेच दिया

महल बनाया था जो उनकी यादों से
वही उन्होंने कहकर खण्डहर बेच दिया

मात पिता को भूल 'अर्चना' बच्चों ने
उनके सारे सपनों का घर बेच दिया

22) निगाहें जब निगाहों से तुम्हारी बात करती हैं

निगाहें जब निगाहों से तुम्हारी बात करती हैं
ख़ुशी के आँसुओं की तब बहुत बरसात करती हैं

नज़र सीधा नहीं आता है अब कुछ भी मुहब्बत में
अँधेरे दिन उगाते हैं, उजाले रात करती हैं

भले खामोश रहकर तुम करो कोशिश छुपाने की
तुम्हारी ये निगाहें सब बयाँ जज़्बात करती हैं

तुम्हारे सामने ये धड़कनें बढ़ती ही जाती यूँ
मुहब्बत की हमें लगता ये तहक़ीक़ात करती हैं

नज़रअंदाज़ जो करते हमें अब देख कर भी तुम
ये नज़रें अजनबी दिल पे बहुत आघात करती हैं

हमेशा ही निभाती है ये आँखें साथ इस दिल का
बहाने ग़म तभी आँसू को वो तैनात करती हैं

नहीं आसान जीना है यहाँ पर 'अर्चना' देखो
ग़मों की बारिशें सब पर तुषारापात करती हैं

23) वादे बहुत बड़े बड़े हमसे वो कर गये

वादे बहुत बड़े बड़े हमसे वो कर गये
लेकिन निभा नहीं सके दुनिया से डर गये

आसान राह प्यार की होती नहीं मगर
दीवाने उसपे चलते रहे और मर गए

दिल था हमारा काँच से नाज़ुक भी कम नहीं
टूटे से फिर जुड़ा नहीं कण कण बिखर गये

हम थे बुझे बुझे से न भाती थी ज़िन्दगी
उनसे नज़र मिली ज़रा हम तो निखर गये

दिल तो उड़ान भरने लगा आसमान में
लेकिन क़दम तो प्यार में जैसे ठहर गये

घायल हमारा दिल यहाँ होना ज़रूर था
उनकी नज़र के तीर जो गहरे उतर गये

हर साँस में बसे वो हमारी यूँ 'अर्चना'
पाया उन्हें ही साथ में हम तो जिधर गये

24) धोखे जीवन में हमको रुलाते बहुत

धोखे जीवन में हमको रुलाते बहुत
पर सबक भी नये ये सिखाते बहुत

आज हम पर बुरा वक़्त क्या आ गया
फूल भी शूल अब तो चुभाते बहुत

जिनको रिश्तों की बिल्कुल भी चिंता नहीं
लोग ऐसे ही दिल को दुखाते बहुत

राम मुँह में बगल में जो रखते छुरी
ज़ख़्म दिल को वही दे के जाते बहुत

बीतती जा रही ज़िन्दगी की सुबह
साँझ के घिर अँधेरे डराते बहुत

'अर्चना' जो गलत काम करते यहाँ
ढोंग पूजा का कर वो दिखाते बहुत

25) लीला ये भगवान, हमें कैसी दिखलाता

लीला ये भगवान, हमें कैसी दिखलाता
बिखराता जब फ़ूल, शूल भी पाँव चुभाता

जीवन के सब मोड़, भरे सुख दुख से होते
मिलता यदि पतझार, हरा सावन भी आता

नहीं समझता मोल, गँवाता वक़्त यहाँ जो
रहता खाली हाथ, बाद में बस पछताता

छोड़ रहे हैं गॉव, युवा गाँवों के देखो
शहरों का ही रूप, उन्हें अब खूब लुभाता

बदल गयी है चाल, यहाँ मौसम की कितनी
कहीं बरसता खूब, कहीं पर सूखा लाता

वैसे तो आसान, नहीं होता ये जीवन
पास अगर हो प्यार, सरल जीना हो जाता

धर्मों की दीवार, खड़ी क्यों तुम करते हो
सब का मालिक एक, नहीं है अलग विधाता

सुनो 'अर्चना' बात, बचत पानी की कर लो
बिन पानी सब सून, यही है जीवन दाता

26) यूँ फ़र्ज़ सभी हमने अपने तो निभाये हैं

यूँ फ़र्ज़ सभी हमने अपने तो निभाये हैं
अरमान मगर दिल के दिल में ही छुपाये हैं

बहते तो बहुत दिल में दर्दों के समंदर थे
वो दर्द पिरोकर अब आँखों में सजाये हैं

सावन न कभी आया, पतझार हुआ जीवन
खुशियों से भरे नगमे पर सबको सुनाये हैं

करके भी दवा कितनी ये रोज़ हरे होते
ये ज़ख़्म भरें कैसे अपनों ने लगाये हैं

अब स्वप्न सजें कैसे जब नींद नहीं आती
हमने तो बहुत आँसू कर याद बहाये हैं

वो दिल जो हमारा था वो भी न रहा अपना
अब 'अर्चना' हम देखो ख़ुद से ही पराये हैं

27) ये संसार भी बेटियों से चला है

ये संसार भी बेटियों से चला है
अगर पास बेटी तो ये इक दुआ है

पराई न कहना कभी बेटियों को
हमें प्यार सच्चा उन्हीं से मिला है

अगर कोख में मार डाली है बेटी
कोई पाप इससे न जग में बड़ा है

इधर कन्या पूजन उधर उनसे नफ़रत
ये कितना बड़ा सोच में फ़ासला है

नियम हम ख़ुदा के अगर तोड़ते हैं
तो मिलती भी इसकी यहाँ पर सज़ा है

नहीं बेटियां गर सुरक्षित यहाँ पर
तो इसमें हमारी ही देखो खता है

नज़र ही नही अब नज़रिया भी बदलो
नहीं बोझ बेटी ये बस 'अर्चना' है

28) सांसों में बसी है तू

सांसों में बसी है तू
ज़िन्दगी बनी है तू

तुझसे कैसे हूँ जुदा
दिल की आशिकी है तू

चाहें सब कहे ग़लत
मैं कहूँ सही है तू

मेरे हर सवाल का
इक जवाब ही है तू

डर नहीं अँधेरों का
मेरी रौशनी है तू

साये की तरह सदा
मेरे सँग चली है तू

भीगता रहे ये मन
सावनी झड़ी है तू

तुझमे ही दिखे खुदा
'अर्चना' मेरी है तू

29) हंस की रात रानी सुनो

हंस की रात रानी सुनो
दो दिलों की कहानी सुनो

चाँद भी आज शरमा गया
हो गईं तुम दिवानी सुनो

दिल मिले, दिल खिले, दिल हँसे
आज रुत है सुहानी सुनो

है महक प्यार की हर तरफ
तुम हवा की ज़ुबानी सुनो

हो गयी अब सभी को ख़बर
बात मुश्किल छुपानी सुनो

'अर्चना' से बँधे प्यार में
प्रीत है ये निभानी सुनो

30) प्यार के गीत गाते रहे

प्यार के गीत गाते रहे
ज़िन्दगी को सजाते रहे

साथ जब से तुम्हारा मिला
देख दर्पण लजाते रहे

शर्मसे हम झुका कर नज़र
आँख तुम से चुराते रहे

कब हुआ प्रीत पर कुछ असर
लाख ज़ुल्मी डराते रहे

हम जुदा अब कभी भी न हों
बस दुआ ये मनाते रहे

ग़म मिले हर क़दम राह में
ख़ुद ही लुटते लुटाते रहे

'अर्चना' हम ख़ुशी के लिए
दीप बन जगमगाते रहे

31) सर्द सी रात में

सर्द सी रात में
बात ही बात मे

भीगता मन रहा
प्रेम बरसात में

दिल गये हार हम
इक मुलाकात मे

आज का दौर है
हैं सभी घात में

'अर्चना' को मिली
प्रीत सौगात में

32) रंग वसंती जब खिलते हैं

रंग वसंती जब खिलते हैं
नैनों से सपने झरते हैं

कूक रही कुंजन कोयलिया
पान पराग भ्रमर करते हैं

शीत लहर से पा छुटकारा
खिले खिले से मन हँसते हैं।

कली महकती हवा बहकती
गीत मधुर कवि मन रचते हैं

दुलहन रूप धरा धरती ने
पिया मिलन तन मन चलते हैं

वन उपवन आँगन यूँ महके
मन का सारा दुख हरते है

मात! 'अर्चना' पूजन करके
हम अपना मंगल करते हैं

33) दीप सी वो मचल रही होगी

दीप सी वो मचल रही होगी
बर्फ जैसी पिघल रही होगी

जागकर रात भर अकेली फिर
बुझ रही होगी, जल रही होगी

याद में आँख डबडबाई सी
राज़ सारे उगल रही होगी

दर्द जब-जब जवाँ हुआ होगा
चाँदनी खूब खल रही होगी

घूँट अपमान के सभी पी कर
क्रोध को वो निगल रही होगी

सोच कर 'अर्चना' मुहब्बत में
हिचकियों से विकल रही होगी

34) हम ख़ुशी आँखों में जिनकी ढूँढते हैं

हम ख़ुशी आँखों में जिनकी ढूँढते हैं
वो हमारे ही हमीं को लूटते हैं

दिल हमारा तोड़ कर अब देखिये तो
तोड़ने वाले हमीं से रूठते हैं

फूल मुरझाते कली भी खिल न पाती
साथ अपनों के यहाँ जब छूटते हैं

गंध आती ही नहीं परिवार जैसी
घर की दीवारों को जब हम सूँघते हैं

इस ज़माने ने दिए है घाव इतने
स्वप्न आँसू में हमारे डूबते हैं

छाँव देते थे कभी जो रिश्ते नाते
प्यार की बारिश बिना अब सूखते हैं

दर्द मन ही मन लुभाता 'अर्चना' यूँ
स्रोत जल के आँख से अब फूटते हैं

35) ग़म बहुत हमको खले

ग़म बहुत हमको खले
दूर जब जब वो चले

दर्द में अब देखिये
आँख को आँसू छले

धड़कनें बढ़ सी गयीं
वो लगे जब भी गले

जो गुज़ारे साथ में
पल वही लगते भले

देख हमको गैर सँग
आ गये थे ज़लज़ले

टूटकर बिखरे सपन
रात जैसे ही ढले

क्यों परायी बेटियाँ
प्रश्न ये दिल में पले

ख़त तुम्हारा देखकर
दीप आशा के जले

कामना है 'अर्चना'
हर दुआ अपनी फले

36) अश्क़ को आँख में ही छिपा लीजिये

अश्क़ को आँख में ही छिपा लीजिये
दर्द की और कोई दवा लीजिये

देखिये नफ़रतें भी मिटेंगी यहाँ
प्यार का एक दीपक जला लीजिये

मंज़िलें भी मिलेंगी यहाँ एक दिन
हौसलों को ज़रा बस बढ़ा लीजिये

हार होती अगर प्यार में है कभी
हार को जीत अपनी बना लीजिये

फूल भाते हैं माना सभी को बहुत
शूल भी गर मिलें तो निभा लीजिये

क्या पता कब मिलें 'अर्चना' फिर यहाँ
आइए साथ में मुस्कुरा लीजिये

37) ये बिजलियाँ कड़कती यहाँ जब घटा के साथ

ये बिजलियाँ कड़कती यहाँ जब घटा के साथ
लगता वफ़ा तड़पती कहीं बेवफ़ा के साथ

अब ज़िन्दगी कटेगी फ़कत याद में सनम
पैगाम ये सुनो तो सही अलविदा के साथ

हम होश क्यों न खो दें बता दो ज़रा हमें
जब डालती नज़र वो कातिल अदा के साथ

अब और सह न पाएंगे हम आपके सितम
अब टूटती हैं साँसे हमारी सज़ा के साथ

हम थे चिराग 'अर्चना' आँधी में बुझ गए
यारी नहीं निभा सके हम ही हवा के साथ

38) उन्होंने ग़ज़ल में मुहब्बत लिखी है

उन्होंने ग़ज़ल में मुहब्बत लिखी है
बड़े प्यार से दिल की चाहत लिखी है

हमारे लिए तोड़ लायेँगें तारे
बड़ी खूबसूरत कहावत लिखी है

भले ही रहे चुप न बोलें लबों से
नज़र में ही उनकी इजाज़त लिखी है

हुए क़ैद यादों भरी जेल में हम
बिना हथकड़ी के हिरासत लिखी है

मिला रूप खिलती बहारों के जैसा
हँसी के गुलों से इबादत लिखी है

नहीं भाग्य में है मिलन अब हमारा
ग़मों ने यहाँ जब विरासत लिखी है

तुम्हें देख कर राज़ खोले हैं दिल के
नहीं 'अर्चना' ने शिकायत लिखी है

39) दर्द को दिल में दबाना आ गया

दर्द को दिल में दबाना आ गया
ज़िन्दगी को मुस्कुराना आ गया

रोग दिल का देखिये ऐसा लगा
शायरी को गुनगुनाना आ गया

आज सावन की झड़ी ऐसी लगी
साथ फिर से भीग जाना आ गया

आज यारों की जमी जब महफ़िलें
याद बचपन का ज़माना आ गया

इस क़दर रुसवाई से हम डर गये
बेवफ़ा से भी निभाना आ गया

आँधियों के दौर में भी दीप को
आज फिर से जगमगाना आ गया

हो गया इतना बड़ा बेटा, उसे
बाप में कमियाँ गिनाना आ गया

'अर्चना' उनकी मुहब्बत क्या मिली
हाथ में जैसे ख़ज़ाना आ गया

40) सच को छिपा के झूठ का परदा बना दिया

सच को छिपा के झूठ का परदा बना दिया
दो ही पलों में हमको पराया बना दिया

प्यासे रहे हमेशा समन्दर की ही तरह
इन आंसुओं ने और भी खारा बना दिया

अब रात है कि दिन हमें कुछ भी पता नहीं
बस प्यार ने हमें तो दिवाना बना दिया

आँगन महक उठा खिले दो फूल प्यार में
किलकारियों ने फिर हमें बच्चा बना दिया

जैसे बना हो रेत का ऐसे मिटा गए
तुमने हमारे दिल खिलौना बना दिया

हमको क़दम क़दम पे मिले हैं हज़ारों ग़म
बेवक़्त मुफलिसी ने तो बूढ़ा बना दिया

तुम माँगते तो जान भी दे देते हम तुम्हें
तुमने खुदाई माँग तमाशा बना दिया

अब और चाहिये नहीं कुछ आपके सिवा
इस 'अर्चना' को आपने गहना बना दिया

41) गलत जो काम करता है वो प्यारा हो नहीं सकता

गलत जो काम करता है वो प्यारा हो नहीं सकता
भरोसे भाग्य के रहकर गुज़ारा हो नहीं सकता

मिले हैं आज वो हमको दुआओं का असर है ये
रहें अब दूर हम उनसे गवारा हो नहीं सकता

बना है एक ही सूरज जहां में एक ही चन्दा
अकेला आसमाँ में पर सितारा हो नहीं सकता

कमाओ लाख तुम दौलत जमाने में भले कितनी
मगर बिन प्यार के ये जग तुम्हारा हो नहीं सकता

नहीं तुम फ़र्क़ करना बेटियों में और बेटों में
बिना बेटी के रोशन घर तुम्हारा हो नहीं सकता

भले ही 'अर्चना' आँसू का देखो स्वाद है खारा
बहा लेता इन्हें जो, दिल का खारा हो नही सकता

42) अगर होता नहीं उसका करम वो कर नहीं देता

अगर होता नहीं उसका करम वो कर नहीं देता
नहीं ये सोचना हमको खुदा अवसर नहीं देता

सिखाता प्यार से रहना सभी का एक मालिक है
कभी वो नफ़रतों का हाथ में ख़ंजर नहीं देता

वही है वीर सच्चा जो यहाँ पर देश की खातिर
गवाकर जान भी अपनी जो झुकने सर नहीं देता

हमेशा प्यार ममता त्याग से जीना सिखाती हैं
पुरुष क्यों नारियों को मान का ज़ेवर नहीं देता

निराला है बहुत ही वो जिसे हम प्यार करते हैं
कभी भी प्यार का लेकिन हमें उत्तर नहीं देता

बड़े ही सोचकर दुनिया बनाई 'अर्चना' रब ने
नहीं सुख का पता होता दुखों को गर नहीं देता

43) ज़माने से मिली ठोकर मगर खुद को सँभाला है

ज़माने से मिली ठोकर मगर खुद को सँभाला है
पिए हैं घूँट हँस हँस के मिली ग़म की जो हाला है

बिखरने ही नहीं देंगे कभी हम ख़्वाब आँखों के
बनाकर ज़िन्दगी इनको बड़ी हसरत से पाला है

मनाते ईद भी होली भी, दीवाली भी, क्रिसमस भी
हमारा देश इस संसार में सबसे निराला है

कहीं पर दावतों में भोग छप्पन मिल रहे देखो
कहीं पर मर रहे प्राणी न खाने को निवाला है

छिपा है आज भ्रष्टाचार कण कण में यहाँ देखो
डसे इंसानियत को हर जगह बन नाग काला है

बनाया 'अर्चना' भगवान ने संसार ये सुन्दर
यहाँ बेटा अगर दीपक तो बेटी से उजाला है

44) तुम्हारा दिल अगर ये अब हमारे नाम हो जाए

तुम्हारा दिल अगर ये अब हमारे नाम हो जाए
रुपहला दिन बने अपना सुनहरी शाम हो जाए

सज़ा मंजूर है हमको ज़माने से मिले जो भी
अगर हम पर मुहब्बत का हसीं इल्जाम हो जाये

भले ही शर्म से कहते नहीं हैं वो कभी कुछ भी
नज़र गर वो उठा दें तो वही पैगाम हो जाये

दुआ भी आरजू भी देखिये रब से यही है अब
जुदा करने में अब हमको जहाँ नाकाम हो जाये

रचेंगे 'अर्चना' इतिहास ऐसा हम मुहब्बत में
अमर हो प्यार ये अपना कि राधे श्याम हो जाये

45) देर से जब कभी वो आते हैं

देर से जब कभी वो आते हैं
सौ बहाने हमें गिनाते हैं

रोज ही इंतज़ार में हम तो
प्यार का इक दिया जलाते हैं

लाख ख़ामोश लब रहें लेकिन
आंसुओं से वो भीग जाते हैं

टूटते जब कभी ग़मों से हम
वो ही तो हौसले बढ़ाते हैं

कान में जलतरंग बजती है
वो कोई बात जब सुनाते हैं

लूट कर अम्न वो मेरे दिल का
चैन की बाँसुरी बजाते हैं

जी रहे हैं यहाँ पे हम ऐसे
रीत जीने की बस निभाते हैं

प्यार करना जिन्होंने सिखलाया
'अर्चना' को वही भुलाते हैं

46) बात जो सबसे छिपाई थी बता दी किसने

बात जो सबसे छिपाई थी बता दी किसने
पीर इस दिल में दबाई थी बढा दी किसने

चाँदनी जिस्म जलाती है मेरा रह रह कर
आग इस दिल में मुहब्बत की लगा दी किसने

चुप रही कुछ न कहा मैंने किसी से फिर भी
लूट कर चैन मेरी नींद उड़ा दी किसने

दुख भरे जाम पिये ज़िन्दगी में हमने तो
आज मय इसमें ख़ुशी की भी मिला दी किसने

आँख भर आई पढे ख़त जो लिखे थे मुझको
याद को तेरी अभी देखो हवा दी किसने

जुर्म होती ये मुहब्बत भी अगर दुनिया में
तो कहावत में ये पावन ही बना दी किसने

थी समझदारी बहुत 'अर्चना' मुझमे देखो
सोचती पर ये गलत राह दिखा दी किसने

47) जीवन भी कोरा कागज है आओ इस पर प्यार लिखें

जीवन भी कोरा कागज है आओ इस पर प्यार लिखें
नफ़रत के काँटों को चुनकर नेह भरी मल्हार लिखें

मीत बनाना कठिन नहीं पर, प्रीत निभाना है मुश्किल
जिनमें केवल अपनापन हो, दिल के वो उद्गार लिखें

ममता माया छूटे कैसे प्यार बिना जीना मुश्किल
पार करादे भव सागर से हम ऐसा किरदार लिखें

भेद न हो बेटे बेटी में मात-पिता का पूजन हो
महके घर का कोना-कोना ऐसा जीवन सार लिखें

शतरंजी चालों को हम तो अब तक सीख नहीं पाये
आज चलो अपने हाथों से फिर अपनी ही हार लिखें

खूब घिरी हैं प्रीत घटायें, झम झम झम पानी बरसे
आज 'अर्चना' हरियाली से सावन का श्रृंगार लिखें

48) हाथ जब अपने लिखे भूले तराने लग गये

हाथ जब अपने लिखे भूले तराने लग गये
धूल यादों पे जमी गहरी हटाने लग गये

दिन सुहाने याद कर के जब हुईं आँखें सजल
आँसुओं से भीगा हम आँचल सुखाने लग गये

सिर्फ अपने ही दुखाते दिल यहाँ देखो तभी
हम सभी जज़्बात दिल में ही दबाने लग गये

जब शिकायत की नहीं हमने कभी तो क्यों भला
वो पुरानी दास्ताँ हमको सुनाने लग गये

जब मुहब्बत में नहीं हमको मिली उनसे वफ़ा
हम दिवाने बेवफ़ाई आजमाने लग गये

'अर्चना' दिल देख उनको मुस्कुरा भर क्या दिया
लोग महफ़िल में वहाँ बातें बनाने लग गये

49) ज़माने के नियम अनुसार चलना भी ज़रुरी था

ज़माने के नियम अनुसार चलना भी ज़रुरी था
समय के साथ पर ख़ुद को बदलना भी ज़रुरी था

बिछड़ता रोज़ चंदा चाँदनी से इसलिये देखो
कि उसका रात के ही साथ ढलना भी ज़रुरी था

गलत चुन राह खाई ठोकरें तो लोग कहते हैं
क़दम ऐसे ही रास्तों पर फिसलना भी ज़रुरी था

नहीं हो काम यदि कोई समझ लेना यही बस तुम
बुरा था वक़्त उसका आज टलना भी ज़रुरी था

हमेशा ही सतातीं बर्फ़ सी दिल पे जमी यादें
इन्हें अश्क़ों की गर्मी से पिघलना भी ज़रुरी था

सदा जज़्बात अपने 'अर्चना' रखते हैं काबू में
तभी तो क्रोध को अपने निगलना भी ज़रुरी था

49

50) मन में इक तूफ़ान है पर लब तुम्हारे मौन हैं

मन में इक तूफ़ान है पर लब तुम्हारे मौन हैं
पूछतीं खामोशियाँ क्यों शोर सारे मौन हैं

आज से पहले न बातें खत्म होती थीं कभी
बीच में फिर आज सहमें क्यो हमारे मौन हैं

आपदा में घिर जिन्होंने खो दिए अपने सभी
वो अकेले अब खड़े हो बेसहारे मौन हैं

ज़ख़्म रिसते रह गए मरहम मिला हमको नहीं
दर्द भी बस आँसुओं के ही सहारे मौन हैं

ग़म भरे बादल घिरे हैं 'अर्चना' अब क्या करें
भूलकर अब झिलमिलाना चाँद तारे मौन हैं

51) बनाया दोस्त कुछ ऐसा हमें रब ने तुम्हारा है

बनाया दोस्त कुछ ऐसा हमें रब ने तुम्हारा है
सुदामा कृष्ण के जैसा रहा रिश्ता हमारा है

मिले चाहे नहीं सम्मान हमको ज़िन्दगी में पर
गरल अपमान का पीना नहीं हमको गवारा है

बुरे ही वक़्त में अपने पराये हो गए ऐसे
न नभ में चाँद का जैसे अमावस में गुज़ारा है

कभी थे दोस्त सच्चे तुम हुए हो गैर अब इतने
नहीं था खून का रिश्ता तभी हमको नकारा है

नदी में भाव की हम 'अर्चना' सच डूब ही जाते
क़लम की मिल गयी पतवार कविता का सहारा है

52) झांक कर दिल में जो देखा ज़ख़्म इक गहरा मिला

झांक कर दिल में जो देखा ज़ख़्म इक गहरा मिला
आँख में पर आँसुओं का सूखता दरिया मिला

नफ़रतों के दौर में कैसे जिये कोई यहाँ
हर जगह बस आदमी का चैन जब लुटता मिला

थीं हमारी ख्वाहिशें भी कुछ गगन से कम नहीं
हारकर अब सोचते हैं चाहा क्या था, क्या मिला

लाख चाहा पास बैठें बाँट लें हम ग़म सभी
पर हमेशा लब पे उनके मौन का ताला मिला

'अर्चना' पड़ते नहीं हैं अब धरा पर ये कदम
हमसफ़र के रूप में जब मीत प्यारा सा मिला

53) गर सीख लिया जीना जीने की अदा लेकर

गर सीख लिया जीना जीने की अदा लेकर
फिर ढूंढ़ तुम्हें लेंगी ख़ुशियाँ भी पता लेकर

हैं ज़ख़्म दिये जिसने उसको भी दुआ देते
हम सोच नहीं रखते, सब जोड़ घटा लेकर

ये दर्द सज़ा भी है, ये दर्द दुआ भी है
पहचान नहीं इसकी क्या आयें दवा लेकर

वो प्यार नहीं करते व्यापार किया करते
जो काम किया करते अहसान बड़ा लेकर

मस्ती में भरा उपवन औ फूल लगे हँसने
पैगाम नया लगता आई है हवा लेकर

54) कभी अँधेरे कभी उजाले, सबसे खूब निभा लेती हूँ

कभी अँधेरे कभी उजाले, सबसे खूब निभा लेती हूँ
दोनों जीवन के पहलू हैं, मन को ये समझा लेती हूँ

कान्हा तेरी प्यारी सूरत, पाती अपने बच्चों में मैं
उनकी भोली बातों से ही, मैं संसार सजा लेती हूँ

ग़म की पगडंडी मिलती हैं, जीवन की राहों मे जब भी
उनमें ढेरों आशाओं के, मैं बस दीप जला लेती हूँ

दुविधा में अपने को जब मैं, पाती हूँ निर्णय लेने में
देख तभी उस दर्पण में बस, मैं अपनी छाया लेती हूँ

अपने मन के भावों से मैं, कवितायेँ कागज़ पर रचती
जब जब भी उनको पढ़ती हूँ, चैन बड़ा ही पा लेती हूँ

नहीं 'अर्चना' आँखों से भी, पीर कभी मैं कहती अपनी
मुस्कानें होंठों पर रखकर, अपना दर्द छिपा लेती हूँ

55) मुखौटे में छिपा देखो नया चेहरा निकलता है

मुखौटे में छिपा देखो नया चेहरा निकलता है
जिसे अपना समझते हैं कहाँ अपना निकलता है

बहुत ही दर्द होता है नहीं रुकते सुनो आँसू
छुरा ही घोंपता जब पीठ में अपना निकलता है

सिखा जाता सबक हमको, नहीं बेकार ये जाता
सुनहरा हाथ से जब भी कोई मौका निकलता है

दिखावे की हैं सब ख़ुशियाँ, रहा कब चैन जीवन में
जिसे देखो वही तो वक़्त का मारा निकलता है

पता है चाँद को कीमत बड़ी है इन दिनों उसकी
तभी तो ईद करवाचौथ कर नखरा निकलता है

यहाँ रिश्ते बहुत नाज़ुक सँभल कर तुम कदम रखना
ज़रा सी बात पर अक्सर बड़ा झगड़ा निकलता है

लगीं हैं तोहमतें अब 'अर्चना' हम पर ज़माने की
तभी तो आँसुओं का आँख से दरिया निकलता है

56) प्यार हमसे तुम्हें होता तो निभा कर जाते

प्यार हमसे तुम्हें होता तो निभा कर जाते
राह में छोड़ अकेला न सता कर जाते

बेसहारा किया आँखों ने हमें तो वरना
आँख के आँसू हमीं से न दगा कर जाते

बेवफ़ाई के मिले कांटे हमें राहों में
फूल तुम काश वफ़ा के ही खिला कर जाते

बेरहम वक़्त ने जब इतना बनाया तुमको
अपने ही हाथ हमें पूरा मिटा कर जाते

ये जुदाई न सही जाए करें क्या अब तो
लौटने की हमें कुछ आस जगा कर जाते

जब हवा गम की चली दीप बुझे ख़ुशियों के
प्यार की लौ से इन्हें काश जला कर जाते

'अर्चना' प्यार हमारा न समझ पाए वो
हम मिटा खुद को भी सब फ़र्ज़ अदा कर जाते

57) अगर यूँ नज़र के इशारे न होते

अगर यूँ नज़र के इशारे न होते
तो हम भी मुहब्बत के मारे न होते

नदी प्यार की पार कर जाते हम भी
अगर दूर दिल के किनारे न होते

निगल हम को जाते अँधेरे यहाँ पर
अगर जुगनुओं के सहारे न होते

नहीं हाथ लगती सफलता ये हमको
चमकते जो किस्मत के तारे न होते

अगर साथ बच्चों ने छोड़ा न होता
यूँ माता पिता बेसहारे न होते

नहीं हारते 'अर्चना' हम किसी से
अगर दिल मुहब्बत में हारे न होते

58) नज़र यूँ आपकी अंजान सी अच्छी नहीं लगती

नज़र यूँ आपकी अंजान सी अच्छी नहीं लगती
हमें अब आपकी ये बेरुखी अच्छी नहीं लगती

अंधेरे में दिये की झिलमिलाहट खूब लगती है
उजाले में वही क्यों रोशनी अच्छी नही लगती

नज़र देखी दमकती सच के' दर्पण की तरह ही जो
वही फिर झूठ के आगे झुकी अच्छी नहीं लगती

खिजाएँ ही चली आतीं बहारें आने से पहले
हमें अब चेहरे पर ये बेबसी अच्छी नहीं लगती

हवा के संग उड़ती है बिछी जाती है मुखड़े पर
हमें ये ज़ुल्फ़ की आवारगी अच्छी नहीं लगती

बहुत धोखे मिले हैं दोस्ती के नाम पर हमको
कि अब तो दोस्ती की बात भी अच्छी नहीं लगती

कभी अभिमान करना 'अर्चना' मत कामयाबी पर
भरा जिसमें अहम वो बात भी अच्छी नहीं लगती

59) ज़रा सी बात पर करते यहाँ तकरार जाने क्यों

ज़रा सी बात पर करते यहाँ तकरार जाने क्यों
समझते धन कमाना ज़िंदगी का सार जाने क्यों

कहानी हैं न नानी की,नसीहत भी न दादी की
हुए हैं आजकल एकल यहाँ परिवार जाने क्यों

बड़ी जालिम है दुनिया फूल को पल में मसल देती
समझ पाये तभी हम फूल के सँग खार जाने क्यों

ख़ुशी औ गम हैं दोनों एक ही सिक्के के दो पहलू
मगर हम भूल जाते बात ये हर बार जाने क्यों

हमेशा से रहा है पीढ़ियों की सोच में अन्तर
न बनती सन्तुलन की बीच में दीवार जाने क्यों

बदलती जा रही है 'अर्चना' अब सोच लोगों की
रहा अब प्यार रिश्तों का नहीं आधार जाने क्यों

60) जब खड़ी बस हार होती ज़िन्दगी के सामने

जब खड़ी बस हार होती ज़िन्दगी के सामने
कौन अपना, सच तभी आता सभी के सामने

ज़िंदगी में हर कदम पर ही मिले हैं ग़म बहुत
काश हम होते कभी तो इक ख़ुशी के सामने

सीख ली थी मुस्कुराने की ग़मों में भी अदा
आँख पर रोई बहुत हर उस हँसी के सामने

जब हमें छूती तुम्हारी याद बन ठंडी पवन
तब बरस जाती घटा मन की कली के सामने

यूँ जला देती ज़रा सी देर में ही आग सब
पर जलन ये कुछ नहीं दिल की लगी के सामने

वक़्त के ही साथ चलती है घड़ी हर वक़्त ही
वक़्त पर रुकता नही, रूकती घड़ी के सामने

हँस के सुन लेती उड़ाती बाद में दुनिया हँसी
इसलिए रोना नहीं देखो किसी के सामने

चाहतें तो खूब हैं, पर धन नहीं संतोष का
'अर्चना' सब इसलिये प्यासे नदी के सामने

61) दर्द कहते मिला पर दिखा तो नही

दर्द कहते मिला पर दिखा तो नही
आंसुओं सँग कहीं वो बहा तो नहीं

मंज़िलें पास हो भी दिखें दूर ही
ये किसी की मिली बद्दुआ तो नहीं

टूट जाता है क्यों ठेस से ही ज़रा
दिल हमारा कहीं आइना तो नहीं

भीग जाती हैं पलकें बस ज़रा बात पर
ज़ख़्म कोई ह्रदय में छिपा तो नहीं

चाँद तारों से ही बात करने लगे
ये असर आपके प्यार का तो नहीं

आपकी चुप को हाँ हम समझते रहे
पर कहीं उसका मतलब मना तो नहीं

सामने थीं हमारी भी मजबूरियाँ
आप समझे हमें बेवफ़ा तो नही

'अर्चना' प्रश्न करती रही ज़िंदगी
किंतु उनका उचित हल मिला तो नहीं

62) है खुमारी अभी हम पर चढ़ी तरुणाई की

है खुमारी अभी हम पर चढ़ी तरुणाई की
इसलिये भाती हमें बात भी तन्हाई की

चाहिये साथ तुम्हारा हमें जीवन भर का
बात मत करना कभी तुम सुनो रुसवाई की

हम दिखा देंगे बढ़ा आगे क़दम भी देखो
पर ज़रूरत है हमें हौसला अफ़ज़ाई की

अब अगर साथ तुम्हारा हमें मिल जाये तो
फिर नहीं चिंता हमें अपनी भी परछाई की

जब कहा तुमने युगों का ये हमारा बंधन
कान में गूंज उठी थीं धुनें शहनाई की

डूबकर इसमें निकलना ही बड़ा है मुश्किल
'अर्चना' बात बड़ी प्यार में गहराई की

63) जो मिले थे कभी अजनबी की तरह

जो मिले थे कभी अजनबी की तरह
हो गए अब वही ज़िन्दगी की तरह

हर निभाई क़सम साथ छोड़ा नहीं
प्यार हमने किया बंदगी की तरह

तीरगी भी अगर ज़िंदगी में मिली
तो लगाया गले रोशनी की तरह

आज मिलता है कद देखकर आदमी
अब वो मिलता नहीं आदमी की तरह

ज़िन्दगी को ग़ज़ल सी समझती रही
गुनगुनाती रही रागिनी की तरह

सरसराती हवा ने मुझे जब छुआ
बज़ उठी मैं तभी बाँसुरी की तरह

'अर्चना' ज़िंदगी को ही पढ़-पढ़ के मैं
दिल पे लिखती रही डायरी की तरह

64) ज़रा सी बात पर तो दिल ये पत्थर हो नहीं जाते

ज़रा सी बात पर तो दिल ये पत्थर हो नहीं जाते
बिना ही आस्था पत्थर ये ईश्वर हो नहीं जाते

हमेशा खोजते नारी में सीता पार्वती जो भी
कभी ख़ुद भी तो वो क्यों राम शंकर हो नहीं जाते

हमेशा सेवा करना ही हमारा धर्म असली है
ज़रूरतमंद की सेवा से नौकर हो नही जाते

अगर बस प्यार पलता, स्वार्थ रहता दूर रिश्तों में
जहाँ में स्वर्ग से फिर क्या सभी घर हो नहीं जाते

तपस्वी सा पड़े जीना निभाने हेतु मर्यादा
सुनो बस राम इक पुतला जलाकर हो नहीं जाते

यहाँ कुछ जन्म लेते 'अर्चना' ले चाँदी की चम्मच
मगर सब ही मुकद्दर के सिकन्दर हो नहीं जाते

65) शब्द काले श्वेत पर आधार है

शब्द काले श्वेत पर आधार है
सच मगर लाता ख़बर अख़बार है

मौत का सामान ख़ुद है ज़िन्दगी
वक़्त ही यमराज का अवतार है

आधुनिक होने लगी कुछ सोच भी
जबसे शिक्षा का हुआ विस्तार है

चार दिन की ज़िन्दगी ये जान भी
तेरे मेरे की यहाँ तकरार है

आज क्यों साहित्य पर देखो यहाँ
अब सियासत का हुआ अधिकार है

आज जाता 'अर्चना' कल में बदल
कब सदा सबकी चली सरकार है

66) यहाँ तोड़ जी जान कितना कमाले

यहाँ तोड़ जी जान कितना कमाले
मगर नाम जिसका उसी के निवाले

मुहब्बत का ये दिल दिवाना रहेगा
मुहब्बत इसे चाहें कितना सता ले

निकल जायेगी बात आँखों से देखो
भले तुम लगालो लबों पर भी ताले

अगर शक़ की लग जाए बीमारी तुझको
ज़रा सी भरोसे की ही बस दवा ले

निभाओ सभी धर्म अपने हमेशा
मगर फ़ैसले कर दो रब के हवाले

नहीं बीत सकता अकेले ये जीवन
यहाँ ख़ूबसूरत से रिश्ते बनाले

नहीं 'अर्चना' जान पाये अभी तक
कहाँ जाते जग छोड़ कर जाने वाले

67) अदालत झूठ की छत हो गयी है

अदालत झूठ की छत हो गयी है
कहीं अब गुम सदाक़त हो गयी है

उधर क़ानून की आँखों पे पट्टी
इधर ठंडी वकालत हो गयी है

नहीं मिलती सभी को ये मुहब्बत
मगर हम पर इनायत हो गयी है

न डरती प्यार से ना आदमी से
बहुत मगरूर नफ़रत हो गयी है

धड़कता दिल हमारा साँस उनकी
यही दिल की वसीयत हो गयी है

नसीहत कौन सुनता है किसी की
न जाने कैसी ख़िलकत हो गई है

मिलीं उनसे हमारी जब निगाहें
हया से लाल रंगत हो गयी है

यहाँ अब 'अर्चना' खामोश रहना
बड़ी सबसे ज़हानत हो गयी है

68) बड़े चितचोर हैं हम सच, तुम्हें ये भी दिखायेंगे

बड़े चितचोर हैं हम सच, तुम्हें ये भी दिखायेंगे
कभी तुमसे तुम्हारा दिल ज़रा हँस कर चुरायेंगे

हमारे दिल पे सब यादें जमी हैं बर्फ के जैसी
गलाया गर उन्हें हमने बहुत सैलाब आयेंगे

पतंगें मन की ये अपनी बहुत रंगीन हैं देखो
न कटने हम उन्हें देंगे गगन तक ही उड़ायेंगे

जहाँ तेरे क़दम होंगे बिछायेंगे वहाँ पलकें
लुटा कर जान भी अपनी सभी वादे निभायेंगे

हमारे प्यार पर तुमने लिखी थीं नज़्म तब कितनी
कभी तन्हाई जब होगी उन्हें ही गुनगुनायेंगे

बुलायेंगें नहीं तुमको निभा देंगे यही वादा
मगर इतना बता दो नैन को कैसे मनायेंगे

अगर किस्मत का देकर वास्ता दुनिया डराएगी
तुम्हारे नाम की हाथों में रेखाएं बनायेंगे

अगर तुम मिल गए तो 'अर्चना' होंगे फलक पर हम
ख़ुशी कैसे सँभालेंगे जो अपना चाँद पायेंगे

69) प्यार का जब बुख़ार होता है

प्यार का जब बुख़ार होता है
कब दवा से क़रार होता है

छेड़ता धड़कनों से ये सरगम
दिल कभी जब सितार होता है

सिर्फ हथियार से नहीं देखो
नैन से भी शिकार होता है

जिस्म दो एक जान हो जाएं
अब कहाँ ऐसा यार होता है

भूल जाते सभी पुराने ग़म
ख़त्म जब इंतज़ार होता है

जान पाता वही ख़ुशी असली
ग़म पे जो भी सवार होता है

काम कोई भी गर गलत कर लो
'अर्चना' दिल पे भार होता है

70) आँख बंद करते ही सामने आ जाते हैं

आँख बंद करते ही सामने आ जाते हैं
प्यार में हमें वो यूँ रोज़ ही रुलाते हैं

जब कभी बरसते हैं मेघ काले घिर घिर के
अश्क़ आँख में भर भर बार बार आते हैं

दोस्त जो कसम खाते साथ साथ रहने को
दुश्मनी वही पीछे आजकल निभाते हैं

डूब प्यार में उनके भूल रुठना जाते
नैन से हमारे जब नैन वो मिलाते हैं

कब तलक छिपाएंगे हम ग़मों को हँस हँस कर
अब हमें हमारे ही दर्द आजमाते हैं

आज हम अकेले हैं ज़िन्दगी की राहों में
कब सभी यहाँ अपना देखो चाँद पाते हैं

'अर्चना' नही कहती है कभी किसी को कुछ
जान कर यही शायद लोग दिल दुखाते हैं

71) ढूंढ़ सुंदरता रहे तो मन भी सुन्दर देखना

ढूंढ़ सुंदरता रहे तो मन भी सुन्दर देखना
प्यार करुणा का भरा उसमें समंदर देखना

आँख के आँसूं बहाना व्यर्थ होता है नहीं
खुश्क दिल को ये करेंगे किस तरह तर देखना

मौत भी गर हो गयी बस सामने आकर खड़ी
चाह होगी आखिरी भी इक नज़र भर देखना

तोहमतें सब पर लगाना शौक है उनका अगर
तो उन्हीं का आइना उनको दिखाकर देखना

द्वेष, लालच और नफ़रत पालना दिल में नहीं
डस तुम्हे ही लेंगे वरना ये हैं अजगर देखना

मत समझना कम किसी को 'अर्चना' कल क्या पता
पूज्य हो जाएँ वो जो हैं आज पत्थर देखना

72) इक बार पूछ बैठी राधा मोहन हरी से

इक बार पूछ बैठी राधा मोहन हरी से
करते हो प्यार मुझसे या अपनी बाँसुरी से

रूठो न राधिका तुम, बोले किशन भी हँसकर
ये बाँसुरी सखी बस पर प्यार तो तुम्ही से

मीरा हुई दीवानी जप जप के नाम गिरधर
बस डूब प्रेम में ही पी विष लिया ख़ुशी से

मैया जसोदा हारी सुन सुन शिकायतें ही
गुस्से में बाँध डाला मोहन को ओखली से

मथुरा गए जो मोहन सुध बुध नही किसी को
आँखों से बह रहे जो आँसू हुए नदी से

चाहे ग़ज़ल कहो या लिख दो भज़न ही कोई
पर 'अर्चना' को केवल मतलब है बंदगी से

73) आसान जब नहीं इस दिल की लगी बुझाना

आसान जब नहीं इस दिल की लगी बुझाना
मज़बूर हैं, पड़ेगा इस दिल को ही जलाना

तुम मीत बनके आये रंगीन कर दी दुनिया
मनमीत बन हमारी अब ज़िन्दगी सजाना

ये दूरियां समय की सालों की हो गयी पर
मुमकिन नहीं हुआ है दिल से तुम्हें भुलाना

सब राज़ खुल रहे हैं आँखों से प्यार के ही
ये सीख जो गयीं अब बिन बात मुस्कुराना

ये साँस रूठ जाए देखो कहीं न हमसे
तुम प्यार को हमारे इतना न आज़माना

अनमोल हैं बहुत वो अपने मिलन के पल भी
उनको सहेज़ लेना तुम ख़्वाब में बसाना

ये प्यार की डगर भी होती नहीं है सीधी
पर हाथ में नहीं है क़दमों को रोक पाना

यादों का सिलसिला ये क्या 'अर्चना' अज़ब है
रोके से भी न रुकता इनका ये आना जाना

74) माँ का नहीं कभी दिल भूले से भी दुखाना

माँ का नहीं कभी दिल भूले से भी दुखाना
माँ ही जहाँ का सबसे अनमोल है ख़ज़ाना

होते उदास बच्चे माँ भी उदास होती
बच्चों की ही हँसी से वो सीखे मुस्कुराना

आती खरोंच कोई बच्चों को भी ज़रा सी
होता बहुत ही मुश्किल माँ से ये देख पाना

ग़म की हों आँधियाँ या फिर दर्द की हो बारिश
आँचल ही माँ का सबसे महफ़ूज़ शामियाना

हम जानते नहीं थे संगीत गीत क्या हैं
आया था लोरियों से ही हमको गुनगुनाना

हों 'अर्चना' गए हम कितने बड़े ही देखो
पर याद माँ का अब भी दे थपकियाँ सुलाना

75) शब्द आयात निर्यात करते रहे

शब्द आयात निर्यात करते रहे
यूँ बयाँ अपने जज़्बात करते रहे

बिन बहे जम गए आँख में अश्क़ जो
रोज़ सपनों पे हिमपात करते रहे

जब मिले वो हमें, हाल पूछा नहीं
बस सवालों की बरसात करते रहे

प्यार का कर वो इकरार पाये नहीं
पर घुमा कर सदा बात करते रहे

कोशिशें की बहुत रोकने की मगर
दिल में जज़्बात उत्पात करते रहे

'अर्चना' अब शिकायत करें भी तो क्या
दिल पे अपने ही आघात करते रहे

76) जब उन्हें है भूलना, स्वीकार करके आ गये

जब उन्हें है भूलना, स्वीकार करके आ गये
ज़िन्दगी का दर्द ही आधार करके आ गये

हम समन्दर नफ़रतों का पार करने के लिए
प्यार की कुछ कश्तियाँ तैयार करके आ गए

प्यार के दुश्मन कहें या सोच के छोटे उन्हें
जो दिलों के बीच इक दीवार करके आ गये

शर्म से पलकें झुकी थी लब न जब कुछ कह सके
धड़कनों से प्यार का इज़हार करके आ गये

दिल के बदले में हमें भी प्यार का तोहफ़ा मिला
हम ख़ुशी का आज कारोबार करके आ गये

अब ज़माने भर को ही हो जायेगी इसकी ख़बर
आज अपना प्यार वो अखबार करके आ गये

भावनाएं 'अर्चना' वो जब समझ पाये नहीं
हम भी फिर चुपचाप ही आभार करके आ गये

77) पूरे न हों चाहें पर लगते भले से वादे

पूरे न हों चाहें पर लगते भले से वादे
झूठी ही सही पर ये इक आस बँधा जाते

मायूसियों के हों जब हर ओर घिरे साये
अपनों के भरोसों से मिलते हैं सहारे से

तकिये ने पिए आँसू आँखों से बहे जो भी
उस सा न मिला कोई जो साथ निभा यूँ दे

वो दूर रहें हमसे या पास हमारे हों
सपने बसे आँखों में उनके ही बहुत मीठे

अब साथ समय के ही इंसान भी बदला है
दिल में वो मुहब्बत के बाज़ार नहीं सजते

लिखते ही रहें हैं पल मिलकर के कहानी सी
जैसे ही गुज़रते ये बन जाते नये किस्से

राहों में मिले हमको कितने ही बिछे काँटें
पर 'अर्चना' हो घायल हिम्मत न कभी हारे

78) किसी दिल में बसने को जी चाहता है

किसी दिल में बसने को जी चाहता है
मुहब्बत में मिटने को जी चाहता है

ये माना कि पत्थर से हम हो गए हैं
मगर अब पिघलने को जी चाहता है

ये मधुमास का क्या हुआ आगमन अब
हमारा बहकने को जी चाहता है

हुआ प्यार में दिल तो ऐसा दिवाना
कि हद से गुज़रने को जी चाहता है

तुम्हारे ही शाने पे सर अपना रख के
नयन से बरसने को जी चाहता है

गगन में जो चमके तुम्हारे लिए बस
वही चाँद बनने को जी चाहता है

गले हम ग़मों के लगे आज तक, अब
ख़ुशी में सिमटने को जी चाहता है

मेरी भावना, 'अर्चना' सब तुम्हीं हो
ग़ज़ल तुम पे कहने को जी चाहता है

79) जब हमें खुद को तपाना आ गया

जब हमें खुद को तपाना आ गया
मुश्किलों से पार पाना आ गया

प्यार का हम पर हुआ ऐसा असर
बेसबब ही मुस्कुराना आ गया

तब मिला आधार कविता का हमें
भाव जब मन में सजाना आ गया

ज़िन्दगी से अब हमें अपने लिए
वक़्त थोडा सा चुराना आ गया

आज तक नज़रें चुराते वो रहे
अब बहाने भी बनाना आ गया

सांध्य वेला ज़िन्दगी को जब मिली
तब लगा असली ठिकाना आ गया

स्वप्न तो थे 'अर्चना' ऊँचे मगर
जो मिला उसमें निभाना आ गया

80) न होती सरल ज़िंदगानी है यारो

न होती सरल ज़िंदगानी है यारो
मगर सबको ये लगती प्यारी है यारो

नहीं हाँ में हाँ हर किसी की मिलाते
यही देखो हम में बुराई है यारो

मिली है नज़र आज उनसे हमारी
तभी लग रही रुत गुलाबी है यारो

दिये ज़ख़्म जब से हमें अपनो ने ही
गयी दूर हमसे हँसी भी है यारो

नशा ये मुहब्बत का ऐसा हुआ है
समझता हमें जग शराबी है यारो

हमें ले गयी साथ यादों में उनकी
हवा ये चली आज कैसी है यारो

यहाँ जीना पड़ता है मरने की खातिर
यही ज़िन्दगी की कहानी है यारो

जगह 'अर्चना' लोगों ने दिल में दे दी
यही आज तक की कमाई है यारो

81) राह की शिकायत क्यों मंज़िलों से करते हो

राह की शिकायत क्यों मंज़िलों से करते हो
क्यों न हार का स्वागत हौसलों से करते हो

इस तरह बदल ली है अपनी आपने सीरत
झूठ की वकालत भी आइनों से करते हो

हाथ कुछ न आया और चैन भी गँवा बैठे
क्यों ज्यादा होड़ इतनी दूसरों से करते हो

दूर तुम करोगे इस ज़िन्दगी के तम कैसे
रोशनी ही जब इसमें जुगनुओं से करते हो

दिख रही हैं बाहर से खोखली ही दीवारें
बात 'अर्चना' फिर क्या चौखटों से करते हो

82) हार में भी जीत अपनी देखना

हार में भी जीत अपनी देखना
ज़िन्दगी सुन्दर लगेगी देखना

कौन अक्सर ही चुराता चाँद को
ले के तारों की गवाही देखना

है हमें विश्वास पक्का एक दिन
ज़िन्दगी हमसे मिलेगी देखना

रास तुमको तो वफ़ा आई नहीं
अब हमारी बेवफ़ाई देखना

तुम हमारी चाहतों की कैद से
अब न पाओगे रिहाई देखना

कोई अच्छा कहता है कोई बुरा
वक़्त की कैसी रवानी देखना

असली सुंदरता नज़र आ जायेगी
'अर्चना' आँखों से मन की देखना

83) वफ़ाओं के बदले न हमको जफ़ा दो

वफ़ाओं के बदले न हमको जफ़ा दो
मुहब्बत की इतनी कड़ी मत सज़ा दो

जलाओ न दिल को विरह की अगन से
इसे लग गले आँसुओं से बुझा दो

अरे चाँद तुम चाँदनी सी मुहब्बत
मिले भी हमें बस यही इक दुआ दो

तुम्हारी ही यादें बनी हैं सहारा
न वो माँग हमको अकेला बना दो

निभा दोस्ती तो नहीं पाये हमसे
चलो तो जरा दुश्मनी ही निभा दो

समझ कर हमें तुम समंदर हीअपना
ग़मों की नदी को इसी में समा दो

किशन राधिका जैसे तुम प्रेम की बस
मुहब्बत हमारी बना 'अर्चना' दो

84) काँटों से भरी राहें, आ पार करा देना

काँटों से भरी राहें, आ पार करा देना
तुम अपनी मुहब्बत से, दिल मेरा सजा देना

इक दर्द भरी नदिया, ये ज़िन्दगी माना है
मिलती हैं कहाँ खुशियाँ, तुम उनका पता देना

तब सूर्य जलाता था, अब चाँद जलाता है
होता है क्यों ऐसा, तुम इतना बता देना

सद्भाव बनाये तुम, यूँ रखना सदा मन में
गर मैल कभी आये, तो उसको हटा देना

जीते जी तो क्या हम अब, मर कर न जुदा होंगे
आसान नही होता, है प्यार भुला देना

अब 'अर्चना' की तो है, बस एक यही चाहत
हो साथ ये जन्मों का, दिल से ये दुआ देना

85) थपकियाँ यादों ने दी तो नींद आने सी लगी

थपकियाँ यादों ने दी तो नींद आने सी लगी
ख़्वाब आँखों में मधुर आकर सजाने सी लगी

हम नहीं समझा सके अपनी उन्हें मजबूरियाँ
बेबसी उनको हमारी इक बहाने सी लगी

सच बताएं दोस्तों था पास अपने कुछ नही
प्रीत उनकी ही हमें तो इक ख़ज़ाने सी लगी

दोस्ती तन्हाई भी हमसे निभाती थी कभी
आज जाने क्यों हमें वो काट खाने सी लगी

चैन थोडा जब मिला है ज़िन्दगी की दौड़ से
कोई चाहत दिल में फिर से कुलबुलाने सी लगी

'अर्चना 'वो प्यार में खोये हुए हैं इस तरह
उनकी ये हालत हमें तो इक दिवाने सी लगी

86) भले खेलना तुमको भाये न भाये

भले खेलना तुमको भाये न भाये
नए खेल नित ज़िन्दगी ये खिलाये

बसा दे अलग एक अपनी ही दुनिया
सुनो इश्क ये पाठ कैसा पढाये

नहीं जान पाये कभी वक़्त को हम
कभी ये हँसाये कभी ये रुलाये

सही पीर जाती नहीं उस चुभन की
कोई अपना जब दिल में काँटें चुभाये

वही ज़ख़्म नासूर बन जाते इक दिन
जिन्हें रखते हम सीने में ही छिपाये

धड़कते जो सपने हमारे ही दिल सँग
उन्हें भूल कैसे करें हम पराये

जगह मिलती है प्यार से बस दिलों में
यहाँ और देने न पड़ते किराये

निभाते रहे 'अर्चना' फ़र्ज़ अपना
मगर प्यार पहला नहीं भूल पाये

87) उलझनें दिल में रखता हज़ार आदमी

उलझनें दिल में रखता हज़ार आदमी
इसलिए तो न पाता क़रार आदमी

ज़िन्दगी कट न सकती अकेले सुनो
चाहिए होंगे मर कर भी चार आदमी

हो भले लाख उसमे बुराई मगर
यारों का भी यहाँ होता यार आदमी

खो के बचपन जवानी बुढ़ापा मिले
वक़्त के हाथ होता शिकार आदमी

तोड़ अपनों के सपने बनाता महल
आज कैसा हुआ होशियार आदमी

खुद को चाहे बनाये बुरा या भला
अपना तो खुद ही है मूर्तिकार आदमी

'अर्चना' नफ़रतें बढ़ती ही जा रही
पाट अब तक न पाया दरार आदमी

88) गुज़र के ही देखा था दिल की डगर से

गुज़र के ही देखा था दिल की डगर से
नहीं बच सके प्यार के फिर असर से

ये जीवन नदी सा, बचानी है इसमें
हमें सुख की कश्ती दुखों की भँवर से

सहे वक़्त के हँसते हँसते सितम सब
जरा सीख मानव सबक़ तू शज़र से

है विज्ञापनों से भरे न्यूज़ चैनल
ज्यादा ये दीखते हैं हैं अब तो खबर से

न महफूज़ घर में न बाहर कहीं भी
डरे हम हुए ज़िन्दगी के सफ़र से

नहीं चैन पाते हैं दिल में कभी वो
जो निर्णय करें पक्षपाती नज़र से

ख़ुशी 'अर्चना' मिलती सच्ची तभी है
मिले जब भी सम्मान अपने हुनर से

89) प्यार टिकता है वफ़ा विश्वास के आधार पर

प्यार टिकता है वफ़ा विश्वास के आधार पर
मुस्कुराता आदमी है इसमें अपनी हार पर

बात उनके प्यार की दिल पर लिखी है इस तरह
श्वेत काले शब्द जैसे हो छपे अखबार पर

कामयाबी की नदी में मुश्किलों की भी भँवर
है भरोसा हौसलों की पर हमें पतवार पर

हैं क़लम के पास माना शब्द के हथियार ही
पर नहीं आसान करना वार इसकी धार पर

आज कविता औरों की लिख लेते अपने नाम से
बढ़ रही बीमारी ये अब ध्यान दो उपचार पर

फ़र्ज़ भी अपने निभाने हैं, यहाँ ये भूलकर
आदमी रखता नज़र है आज बस अधिकार पर

रूठ जाते हैं ज़रा सी बात पर हम 'अर्चना'
मान भी जाते मगर फिर एक ही मनुहार पर

90) सुखी इंसान वो जग में ज़हानत जिनके दिल में है

सुखी इंसान वो जग में ज़हानत जिनके दिल में है
बुरों के बीच रहकर भी शराफ़त जिनके दिल में है

बताओ तो भला कैसे निभेगी दोस्ती उनमें
नदी के दो किनारों सी मसाफ़त जिनके दिल में हैं

सभी से भूल हो जाती सुनो इंसान हैं आखिर
मुआफी उनको मिलती है नदामत जिनके दिल में है

नहीं नफ़रत से कुछ मिलता ये नफ़रत ही बढाती बस
ज़रा लें सोच फिर से वो बग़ावत जिनके दिल में है

बँधी है स्वार्थ की पट्टी जहाँ की आज आँखों पर
बहुत अब लोग वो कम हैं मुहब्बत जिनके दिल में है

अगर हों भाव सेवा के नहीं वो 'अर्चना' से कम
उन्हीं के साथ रब ऐसी इबादत जिनके दिल में है

91) टूटते रिश्तों का अब जहाँ देखिये

टूटते रिश्तों का अब जहाँ देखिये
घर के होते हुए भी मकाँ देखिये

बाग़ फूलों के जिसने लगाए यहाँ
है अकेला वही बाग़बाँ देखिये

आपको हम नहीं भूल पाये कभी
चोट के दिल पे गहरे निशाँ देखिये

आपके ही बढ़े हौसले आपको
ले ले आए कहाँ से कहाँ देखिये

है खड़ा सामने आपके सत्य भी
खोलकर मन की अब खिड़कियाँ देखिये

प्यार की करती बरसात है ये अगर
ज़हर को घोलती भी जुबाँ देखिये

दीप जो प्यार का ख़ुद बुझाना पड़ा
उस से अब उठ रहा है धुआँ देखिये

'अर्चना' हो न बेटी अगर घर में तो
हैं कलाई बिना राखियाँ देखिये

92) न प्यार का अब समझते मतलब, न भावनाओं को देखते हैं

न प्यार का अब समझते मतलब, न भावनाओं को देखते हैं
तभी तो रिश्तों में आज इतनी पड़ी दरारों को देखते हैं

यूँ हार कर भी हमारे दिल में न जीत की आग बुझ सकी है
दबे हुए हैं जो राख में हम, उन्हीं शरारों को देखते हैं

बुरे समय में वो टूट कर के निराश होते न ज़िन्दगी से
जो पतझरों में भी ढूंढ कर के यहाँ बहारों को देखते हैं

दिमाग़ से सोचते नहीं बस, चले ही जाते हैं पीछे-पीछे
जहाँ में ये भेड़ चाल चलते, यहाँ करोड़ों को देखते हैं

ये ज़िन्दगी 'अर्चना' समन्दर, न डूबते हैं न हम उबरते
कभी सिमटते, कभी बिखरते, यहाँ किनारों को देखते हैं

93) हम जो डूबे प्यार में तो शायरी तक आ गए

हम जो डूबे प्यार में तो शायरी तक आ गए
भाव दिल के सब उतर कर लेखनी तक आ गए

जीत तो पाये नहीं हम दिल तुम्हारा प्यार में
पर ख़ुशी है हम तुम्हारी दोस्ती तक आ गए

नाम पर अब आधुनिकता के यहाँ पर दोस्तो
नौजवानों के क़दम आवारगी तक आ गए

याद की पगडंडियों पर चलते-चलते हम यहाँ
अपने पहले प्यार की सँकरी गली तक आ गए

जानते थे प्यार का मतलब नही हम 'अर्चना'
पर चले जब राह इसकी, बन्दगी तक आ गए

94) तोहफे ग़म और ख़ुशी के लिए जा रहे

तोहफे ग़म और ख़ुशी के लिए जा रहे
ज़िन्दगी यूँ बसर बस किये जा रहे

बन न जाएं ये नासूर दिल में कहीं
ज़ख़्म ये सोचकर अपने सिये जा रहे

आज तो इतनी धन की बढ़ी प्यास है
अश्क़ भी लोग अपने पिये जा रहे

लौट आएंगे वो, रोज़ इस आस में
राह में हम जलाते दिये जा रहे

मोड़ हर उम्र का खूबसूरत यहाँ
सोचना मत कभी क्यों जिये जा रहे

'अर्चना' हो मुकम्मल ग़ज़ल हम तभी
भाव में जोड़ते क़ाफ़िये जा रहे

95) चाह कर भी भुला न पाये हम

चाह कर भी भुला न पाये हम
याद दिल में रहे बसाये हम

था न आसान अलविदा कहना
भीगी पलकों से मुस्कुराये हम

देख कर मोड़ मुँह लिया हमसे
आज इतने हुए पराये हम

ज़िन्दगी में ख़ुशी से रहने को
ग़म के भरते रहे किराये हम

पास अपने भी ग़म नहीं कम थे
और तेरा ख़रीद लाये हम

'अर्चना' दर्द कह नहीं सकते
प्यार के क्योंकि हैं सताये हम

96) कोई तो आज पूछे, आकर ये मालियों से

कोई तो आज पूछे, आकर ये मालियों से
कैसे बचायें उपवन, अपना वो आँधियों से

मज़बूत इसलिए ये रेशम की डोरियाँ हैं
इनका अटूट बंधन रहता है राखियों से

घबरा के मुश्किलों से मत हार मानना तुम
लेना सबक़ है तुमको इन नन्हीं चींटियों से

चढ़ सा गया है नशा इन काफ़ियों का हम पर
लेकर रदीफ़ दिल में फिरते हैं प्रेमियों से

ये सूर्य चाँद तारे भी खेलते गगन में
छिपने कभी निकलने का खेल बादलों से

मासूम बच्चियों को क्यों मारते हो बोलो
जीवन है 'अर्चना' जब हर घर में बेटियों से

97) कान्हा की मतवारी दुनिया

कान्हा की मतवारी दुनिया
जपती राधा प्यारी दुनिया

मुरली की जब तान सुनाये
सुध बुध खोये सारी दुनिया

पल भर में बदले है जीवन
लीला देखे न्यारी दुनिया

जब जब दुष्ट बढ़े धरती पर
कान्हा तुमने तारी दुनिया

गीता का उपदेश दिया तब
अपनों से जब हारी दुनिया

आओ कान्हा फिर धरती पर
है पापों से भारी दुनिया

मिलती नही 'अर्चना' खुशियाँ
अब अँसुवन से खारी दुनिया

98) कभी भी चोट अपनों से, यहाँ जब दिल ने खायी है

कभी भी चोट अपनों से, यहाँ जब दिल ने खायी है
न जाने पीर क्यों उसकी नज़र आँखों में आयी है

छिपी रहती जो दिल में है वही बस बात है अपनी
निकलती जब लबों से ये, तभी होती परायी है

नहीं चिंता हमें अब इस ज़माने की रही देखो
नयी दुनिया तुम्हारे साथ जो हमने बसायी है

हमें मालूम है हमको बहुत तुम याद करते हो
हमें ये हिचकियों ने बात खुद आकर बतायी है

बरसते बारी बारी से यहाँ सुख-दुख भरे बादल
समझ पर 'अर्चना' ये बात हमको आज आयी है

99) नज़र के पार पढ़ लेना

नज़र के पार पढ़ लेना
हमारा प्यार पढ़ लेना

कलेजा चीर देगी ये
क़लम की धार पढ़ लेना

असंभव है सुनो जग में
सभी किरदार पढ़ लेना

मेरे हालात से ही तुम
समय की मार पढ़ लेना

नहीं होता सुनो काफ़ी
कथा का सार पढ़ लेना

नज़र में 'अर्चना 'की तुम
लिखा आभार पढ़ लेना

100) करने वाला प्यार दिवाना भी होगा

करने वाला प्यार दिवाना भी होगा
दुश्मन उसका मीत जमाना भी होगा

लेने हैं अधिकार अगर जग में अपने
तुमको अपना फ़र्ज़ निभाना भी होगा

पाना है सम्मान अगर इस जीवन में
करके कुछ तो नाम दिखाना भी होगा

अधिकारों का ग़लत नहीं उपयोग करो
सत्ता को ये पाठ सिखाना भी होगा

रखकर अपने ही बेटों पर ख़ूब नज़र
होने से गुमराह बचाना भी होगा

केवल दोषारोपण करना ठीक नहीं
कुछ करने को क़दम बढ़ाना भी होगा

करता भ्रष्टाचार खोखली दीवारें
इस दीमक से देश बचाना भी होगा

साँसें पूरी करना ही ज़िन्दगी नहीं
इसे 'अर्चना' सफल बनाना भी होगा

101) सुदर्शन चक्र से धरती पे दुष्टों को मिटाना है

सुदर्शन चक्र से धरती पे दुष्टों को मिटाना है
तुम्हें अवतार लेकर फिर यहाँ अब कृष्ण आना है

महाभारत हुई जब तो था केवल एक दुर्योधन
करोड़ों हैं यहाँ ये, अब कठिन दामन बचाना है

सुनो हे कृष्ण अब ये दूध माखन सब हुआ नकली
कि विष पीता है बचपन,अब तुम्हें उसको बचाना है

करी है दुर्दशा इंसान ने गौ माता की देखो
सुनाकर तान मुरली की उन्हें वन में चराना है

यहाँ पर 'अर्चना' रण धर्म के होने बहुत से अब
ज़रुरी पाठ गीता का सभी को फिर पढ़ाना है

www.ingramcontent.com/pod-product-compliance
Lightning Source LLC
Chambersburg PA
CBHW060412090426
42734CB00011B/2291